단단하게 배우고 탄탄하게 익히는 언어 생활

어휘를 알면 공부가 재밌어!

장지혜 글 | 김지하 그림

내케주니어

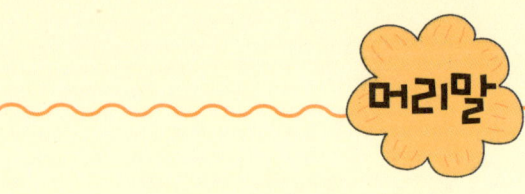

여러분은 책을 읽다가 모르는 단어를 만나면 어떻게 하나요?

저는 어렸을 때 궁금한 단어가 나오면 곧장 부모님이나 선생님에게 달려가 여쭤보곤 했어요. 어른들은 친절하게 알려 주셨고, 그 덕분에 책 읽는 시간이 점점 더 즐거워졌답니다.

어휘력은 '많은 단어를 알고, 이해하고, 제대로 사용할 수 있는 능력'이에요. 어휘력이 있으면 책의 내용도 쉽게 이해하고, 학습 능력도 올라가지요.

그런데 다른 한편으로 어휘력은 '마음을 표현하는 힘'이기도 해요. 우리가 느끼는 기쁨이나 슬픔, 고마움과 같은 감정을 알맞은 단어로 전할 수 있을 때, 서로의 마음을 더 잘 이해하게 되거든요. 그래서 어휘력이 자라면 생각의 폭도 한층 더 넓어지고, 나를 더 멋지게 표현할 수 있게 된답니다.

《어휘를 알면 공부가 재밌어!》는 어린이들이 알아두면 좋은 어휘

를, 재미있는 이야기와 만화로 풀어내 쉽게 이해할 수 있도록 구성한 책이에요. 비슷한 뜻을 가졌거나 반대의 뜻을 가진 어휘까지 많은 예문으로 살펴보며 익힐 수 있지요.

　자, 이제 어휘력 보물찾기를 함께 떠나 볼까요?

　이 책으로 여러분이 독서와 더 친해지고, 여러분의 꿈에 한 걸음 더 다가가게 되기를 바라며 응원할게요!

　　　　　　　　　　　2025년, 유난히 짧은 가을을 아쉬워하며

　　　　　　　　　　　　　　　　　　　　　장지혜

머리말 / 4

가늠 / 8 간파 / 10 감안 / 12 감지덕지 / 14 격려 / 16
겸사겸사 / 18 과언 / 20 괄목 / 22 구색 / 24 귀감 / 26
낙천적 / 28 노파심 / 30 눈썰미 / 32
어휘 실력 쑥쑥 키워 주는 퀴즈 / 34
단어가 생겨난 이야기 / 35

다수결 / 36   담판 / 38   대목 / 40   뚱딴지 / 42   마모 / 44
막간 / 46   맞장구 / 48   무뢰한 / 50   묵사발 / 52   미궁 / 54
봇물 / 56   불현듯 / 58   빈번 / 60   사족 / 62   선착순 / 64
손사래 / 66   수더분 / 68   시행착오 / 70   신신당부 / 72
안목 / 74   역전승 / 76   위화감 / 78

어휘 실력 쑥쑥 키워 주는 퀴즈 / 80

단어가 생겨난 이야기 / 81

자초지종 / 82   찰나 / 84   추임새 / 86   타박 / 88   파급 / 90
파렴치 / 92   포용 / 94   피날레 / 96   하룻강아지 / 98
항간 / 100   해코지 / 102   향년 / 104   혐오 / 106   화근 / 108

어휘 실력 쑥쑥 키워 주는 퀴즈 / 110

단어가 생겨난 이야기 / 111

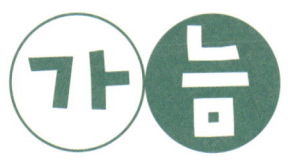

가늠

목표나 기준에 맞고 안 맞음을
헤아리거나 짐작하는 것.

비슷한 뜻 짐작, 예상

예 짝꿍의 키가 나보다 얼마나 클지 짐작해 보았다.

반대의 뜻 단정, 확신

예 먹구름이 끼자 아빠는 비가 올 거라고 확신했다.

어휘 넓히기

- 언덕 위에서 마을까지의 거리를 가늠할 수 있겠어?
- 처음 해 보는 일이라 시간이 얼마나 걸릴지 가늠하기 어렵다.
- 강을 건너기 전에 물의 깊이를 가늠해 보아야 해.
- 친구의 표정을 보고 기분을 가늠해 보았지만 알 수 없었다.
- 엄마는 눈대중으로 책상과 침대 사이의 거리를 가늠했다.

숨겨진 사실이나 진실을
꿰뚫어 보거나 알아차리는 것.

비슷한 뜻 알아챔, 꿰뚫음

예 엄마는 나를 보자마자 시험을 망쳤다는 것을 알아챘다.

반대의 뜻 오해, 착각

예 우리는 외모만 보고 종종 오해하는 경우가 있다.

어휘 넓히기

- 나는 형의 거짓말을 단번에 간파했다.
- 탐정은 작은 단서로도 사건의 진실을 간파하는 능력이 있어!
- 친구의 표정만 봐도 기분을 간파할 수 있다.

- 선생님은 아이들의 표정 뒤에 숨겨진 진짜 마음을 간파했다.
- 현명한 토끼는 여우의 꾀를 간파하고 함정에 빠지지 않았다.
- 어른도 간파하지 못한 비밀을 알아낸 소녀라고?

감안

여러 가지 조건이나 상황을 생각하고
따져서 판단하는 것.

비슷한 뜻 따짐, 살핌

예 지금 상황을 따져 보고 결정하는 게 좋다.

반대의 뜻 무시

예 옷을 고를 때 나이를 무시하면 안 된다.

어휘 넓히기

◆ 동생의 나이를 감안해 쉬운 게임으로 골랐다.

◆ 시간을 감안하면 버스보다 지하철을 타는 게 좋겠어.

◆ 엄마는 내 키를 감안해서 더 큰 옷을 사 주었다.

◆ 날씨 변화를 감안해서 따뜻한 옷을 입으렴.

◆ 친구의 사정을 감안하면 늦게 온 것을 이해할 수 있다.

◆ 길이 막힐 것을 감안해 일찍 출발했어야지!

◆ 엄마는 비가 올 것을 감안해 우산을 가져가라고 했다.

감지덕지

분에 넘치는 듯하여
매우 감사하게 여기고 고마워하는 것.

비슷한 뜻 **매우 고마움**

예 이모의 이번 생일 선물은 매우 고마웠다.

반대의 뜻 **배은망덕**

예 은혜를 저버리는 것은 배은망덕한 일이다.

어휘 넓히기

◆ 용돈을 받으니 **감지덕지**했다.

◆ 이 자리에 설 수 있다는 것만으로도 **감지덕지**하다.

◆ 민수는 친구가 준 선물에 **감지덕지**하며 고맙다고 인사했다.

◆ 할머니는 이웃의 도움에 **감지덕지**하며 떡을 만들어 나눠 주었다.

◆ 갑작스러운 비에 우산을 빌릴 수 있어서 **감지덕지**였다.

힘을 내고 용기나 의욕이 생기도록 북돋워 주는 것.

비슷한 뜻 응원, 장려

예 운동회에서 달리기 선수인 나를 아이들이 응원해 주었다.

반대의 뜻 무시, 기죽이기

예 학급 회의 시간에 내 의견을 무시해 화가 났다.

어휘 넓히기

◆ 선생님은 시험을 망쳐 속상해 하는 아이에게 격려의 말을 건넸다.

◆ 어려운 일을 해내려면 주변의 격려가 필요하다.

◆ 부모님의 격려 덕분에 자신감을 되찾을 수 있었어.

◆ 따뜻한 격려로 누군가의 마음을 환하게 밝혀 봐.

◆ 친구들의 격려 속에서 나는 무대에 설 용기를 얻었다.

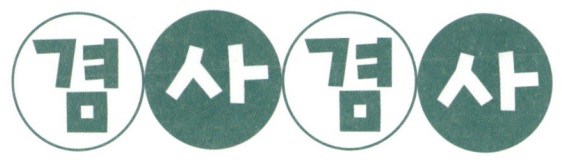

어떤 일을 하는 김에
다른 일을 함께 하는 것.

비슷한 뜻 동시에, 함께, 더불어

예 세수를 하면서 머리도 함께 감았다.

반대의 뜻 단독

예 이 문제는 단독으로 처리하기 힘들다.

어휘넓히기

- 마트에 가는 김에 **겸사겸사** 도서관에 들러 책도 반납하렴.
- 친구 집에 놀러 가서 **겸사겸사** 숙제도 같이 했다.
- 공원에 운동하러 가면서 **겸사겸사** 쓰레기도 주웠다.

- 서점에 가는 김에 **겸사겸사** 친구 선물도 샀어.
- 여행 가는 길에 **겸사겸사** 맛집에도 들르자.

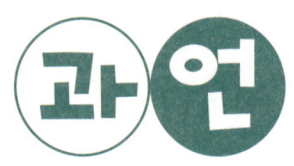

사실보다 지나치게 과장해서 말하는 것.

비슷한 뜻 과장, 허풍

예 먹으면 금방 살이 빠진다는 광고는 과장 광고였다.

반대의 뜻 정확한 말, 참된 말

예 내 짝꿍은 항상 정확한 말을 해서 믿을 만하다.

어휘 넓히기

◆ 하늘까지 닿는다는 건 과언이지만, 정말 키가 큰 나무였다.

◆ 우리 강아지가 세상에서 제일 귀엽다고 말해도 과언이 아닐 거야.

◆ 지호는 반에서 제일 웃긴 친구라고 해도 과언이 아니지!

◆ 세상에서 가장 높은 산이라고 말한 건 과언이었다.

◆ 백 번 넘게 이야기했다는 건 과언이고, 실제로는 몇 번 이야기했어.

◆ 무게가 코끼리만큼 나간다고 한 건 과언이었지.

◆ 1년 동안 기다렸다고 한 건 과언이고, 사실은 며칠 기다렸어.

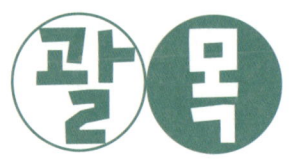

눈을 비비고 다시 볼 정도로
크게 달라진 모습에 놀라움을 느끼는 것.

비슷한 뜻 일취월장

예 열심히 공부한 덕분에 성적이 일취월장했다.

반대의 뜻 퇴보

예 악기는 꾸준하게 연습하지 않으면 실력이 퇴보한다.

어휘 넓히기

- 일 년 만에 만난 친구의 키가 괄목할 만큼 자랐다.
- 한글을 배운 지 한 달 만에 괄목할 만한 실력을 보여 주었어.
- 작은 씨앗이 괄목할 정도로 자라서 큰 나무가 되었지.
- 그림을 잘 못 그렸는데 연습 후 괄목할 정도로 실력이 늘었다.
- 친구의 피아노 실력이 괄목할 만큼 늘었다.

- 우리 팀의 연습 결과는 괄목할 정도로 좋아졌다.

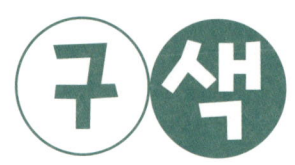

구색

골고루 갖춘 모양이나 상태.
겉으로 보기에 모자람이 없게 여러 가지를 갖추어 놓은 것.

비슷한 뜻 조화, 짜임새, 차림새

예 다양한 꽃들이 조화를 이루고 있다.

반대의 뜻 부족, 미비, 불균형

예 마을 도서관에 책이 좀 미비하다.

어휘 넓히기

- 장난감 가게에는 다양한 물건들이 구색을 갖추고 진열되어 있다.
- 도시락에는 반찬이 여러 가지 들어 있어야 구색이 맞지!
- 새로 연 가게는 아직 구색이 덜 갖춰져서 손님이 많지 않았다.
- 메뉴의 구색을 갖추기 위해 몇 가지 음식을 더 준비했어.
- 책장의 구색을 맞추기 위해 읽지도 않을 책을 샀다.

귀감

본받을 만한 모범이 되는
행동이나 좋은 본보기.

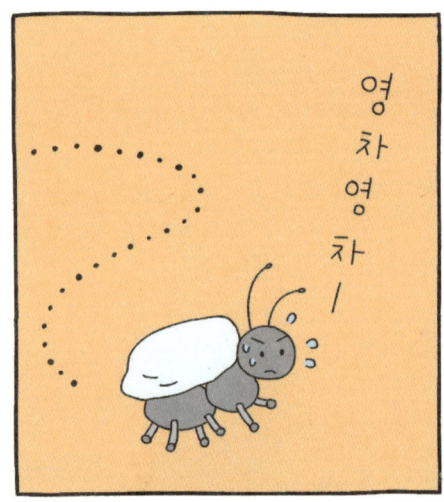

비슷한 뜻 본보기, 모범

예 학급 회장은 다른 친구들에게 모범을 보여야 한다.

반대의 뜻 반면교사

예 그의 실수는 우리에게 반면교사가 되었다.

어휘 넓히기

- 꽃처럼 밝게 웃는 모습은 모두에게 귀감이 되지.

- 누가 우리 모두의 귀감이 될 수 있을까?

- 작은 친절이 공동체에 큰 귀감이 된다.

- 나는 과연 후배들에게 귀감이 되었을까?

- 위기의 순간에도 포기하지 않는 모습은 모두에게 귀감이 되었다.

- 봉사하는 어르신들의 삶은 젊은 세대에게 귀감이 된다.

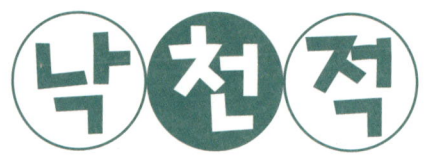

낙천적

어려운 상황에서도 희망을 잃지 않고
긍정적으로 생각하는 성격이나 태도.

비슷한 뜻 긍정적, 밝은, 명랑한

예 나의 장점은 언제나 긍정적이라는 것이다.

반대의 뜻 비관적, 부정적, 우울한

예 부정적인 사람과는 친구가 되고 싶지 않다.

어휘 넓히기

◆ 할아버지는 몸이 좋지 않지만 낙천적으로 늘 밝게 생활해.

◆ 그릇이 깨졌지만 붙이면 된다고 낙천적으로 생각하기로 했다.

◆ 영웅이는 언제나 낙천적이라서 친구들이 좋아한다.

◆ 나는 언제쯤 그렇게 낙천적이 될 수 있을까?

◆ 비가 와서 소풍을 못 갔지만, 낙천적으로 생각하면 교실에서 영화 보는 것도 재미있다.

노파심

**필요 이상으로 자꾸
걱정하거나 신경 쓰는 마음.**

비슷한 뜻 걱정, 염려

예 우리 엄마는 너무 걱정이 많다.

반대의 뜻 무심, 태평

예 오늘이 내 생일인데 단짝 친구가 너무 무심해서 속상했다.

어휘넓히기

- 아빠는 흐린 하늘을 보고 노파심에 우산을 두 개나 챙겼다.
- 엄마는 내가 감기라도 걸릴까 봐 노파심에 잔소리를 했다.
- 이 말이 노파심에서 나왔다는 걸 알아 주면 좋겠어.
- 선생님은 학생들이 길을 잃을까 봐 노파심에 다시 설명했다.

- 노파심 때문에 너무 잔소리를 한 건 아닐까?

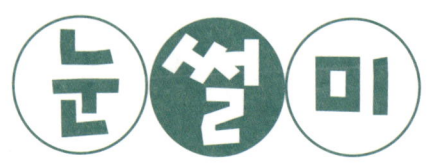

작은 차이점이나 특징을
잘 알아보는 능력을 말하는 순우리말.

비슷한 뜻 안목, 관찰력

예 과학자들은 관찰력이 뛰어나다.

반대의 뜻 둔감, 무신경, 눈치 없음

예 우리 아빠는 좀 눈치가 없다.

어휘 넓히기

- 새롬이는 눈썰미가 좋아서 다른 그림 찾기를 금방 한다.
- 눈썰미가 좋으면 과학 실험에서 변화를 잘 관찰할 수 있겠지?
- 그림책에 숨어 있는 동물을 찾으려면 눈썰미가 필요해.
- 나는 한 번 간 길은 잊지 않는 눈썰미가 있어.

- 그림을 그릴 때는 눈썰미가 중요하다.

어휘 실력 쑥쑥 키워 주는 퀴즈

1. 초성을 힌트로 설명에 맞는 단어를 맞혀 보세요.

   ① 눈으로 보거나 마음속으로 짐작해서 헤아리는 것 　ㄱㄴ

   ② 속마음이나 진짜 뜻을 꿰뚫어 알아차리는 것 　ㄱㅍ

   ③ 용기나 의욕을 북돋워 주는 것 　ㄱㄹ

   ④ 크게 달라진 모습에 놀라워 함 　ㄱㅁ

   ⑤ 사실보다 과장해서 하는 말 　ㄱㅇ

2. 다음 문장을 읽고 밑줄 친 단어와 반대의 뜻을 가진 단어를 찾아 보세요.

   동생은 낙천적이지만, 형은 항상 (　　)이다.

   ① 비관적　　② 적극적　　③ 소극적　　④ 긍정적

3. '눈썰미'와 관련된 표현과 그 뜻을 알맞게 연결하세요.

   ① 눈썰미가 있다 •　　　• Ⓐ 세심하게 살피는 능력이 있다

   ② 눈썰미가 없다 •　　　• Ⓑ 사물을 제대로 보지 못하다

   정답 : 1. ① 가늠 ② 간파 ③ 격려 ④ 괄목 ⑤ 과언 2. ① 3. ①Ⓐ, ②Ⓑ

눈썰미

★ **뜻과 유래**

'눈썰미'는 순우리말로, '눈으로 사물을 보고 구별하는 능력'을 뜻해요. '눈'과 '썰다(자르다)'가 합쳐진 말로, 마치 눈으로 사물을 정확하게 잘라내듯 관찰하고 판단하는 능력을 의미하지요. 옛날 사냥꾼들에게는 멀리 있는 동물의 종류와 크기를 재빠르게 알아보는 '눈썰미'가 중요했어요. 또 옷감을 만드는 장인들은 색상과 질감을 구별하는 예리한 눈썰미를 가져야 했지요. 이런 능력이 일상생활에서도 중요해지면서 '눈썰미'라는 표현을 널리 사용하게 되었답니다.

★ **조선 시대 화가의 눈썰미 이야기**

조선 시대에 김홍도라는 유명한 화가가 있었어요. 그는 뛰어난 눈썰미로 사람들의 일상을 생생하게 그림으로 남겼답니다. 어느 날 김홍도가 시골 마을을 지나가다가 씨름하는 사람들을 보았어요. 단 몇 초만 보고도 김홍도는 사람들의 움직임, 표정, 자세를 정확히 기억해 그림으로 그려 냈지요. 이처럼 뛰어난 눈썰미는 뛰어난 예술가가 되는 데 중요한 재능이랍니다.

다수결

많은 사람의 의견에 따라
결정하는 방법.

비슷한 뜻 투표, 과반수 결정

예 우리나라는 대통령을 투표로 뽑는다.

반대의 뜻 만장일치

예 우리 가족은 여름 휴가 장소를 만장일치로 결정했다.

어휘넓히기

◆ 우리 반은 다수결로 반장을 뽑았어.

◆ 가족 여행지는 다수결로 정하기로 했다.

◆ 이번 발표는 다수결로 정하자.

◆ 축구 경기와 피구 경기 중 다수결에 따라 축구를 하기로 했다.

◆ 다수결도 좋지만, 모두의 의견을 들어 보는 것도 중요해.

◆ 다수결로 하면 네가 원하지 않는 결과가 나올 수도 있을걸?

어떤 문제를 해결하기 위해
서로 의논해 결정함.

비슷한 뜻 협상, 절충, 타협

예 나라와 나라 사이에는 협상을 잘해야 한다.

반대의 뜻 강요, 명령

예 학급 회장이라도 명령하면 기분이 나쁘다.

어휘 넓히기

◆ 축구팀을 정하는 문제로 형과 담판을 벌였어.

◆ 친구와 담판을 짓고 서로 만족하는 결과를 얻었다.

◆ 동생과 담판 끝에 놀이 순서를 정했다.

◆ 아빠와 용돈 인상 담판에 성공했어!

◆ 문제가 있으면 담판으로 해결하는 게 좋지.

대목

장사나 일이 가장 많고 잘되는 시기.
손님이 많아 물건이 잘 팔리는 때.

비슷한 뜻 성수기, 특수, 호황

예 날씨가 더워 아이스크림 가게가 호황을 누리고 있다.

반대의 뜻 비수기, 불황기

예 겨울철에는 야외 수영장이 비수기이다.

어휘 넓히기

- 추석이 다가와 시장 상인들이 대목을 맞았다.
- 크리스마스는 케이크 가게의 대목이다.

- 재래시장이 대목을 맞아 손님이 아주 많다.
- 설 대목이라 상인들의 얼굴에 웃음꽃이 피었다.
- 우리는 대목을 앞두고 물건을 많이 준비했다.

뚱딴지

앞뒤가 맞지 않는
엉뚱한 말이나 행동.

비슷한 뜻 엉뚱한 말, 동문서답

예 요즘 엄마가 정신이 없어서 동문서답을 자주 한다.

반대의 뜻 조리 있는, 적절한, 논리적인

예 내 친구는 언제나 논리적으로 말해서 이해하기 쉽다.

어휘 넓히기

- 선생님의 질문에 **뚱딴지** 같은 대답을 하고 말았다.
- 왜 그렇게 **뚱딴지** 같은 소리를 하는 거야?
- **뚱딴지** 같은 행동이지만 미워할 수가 없다.
- 평화롭던 마을에 **뚱딴지** 같은 사건이 일어났다.
- 친구의 **뚱딴지** 같은 행동에 모두 놀라고 말았다.

- 다들 웃는데, 혹시 내 말이 **뚱딴지** 같은 걸까?

마모

물체가 오랫동안 사용되거나 다른 물체와 닿으면서 조금씩 닳아 없어지는 현상.

비슷한 뜻 닳음, 낡음, 훼손

예 너무 오래된 바지라서 호주머니가 다 낡았다.

반대의 뜻 복구, 회복

예 홍수가 난 마을이 복구되려면 시간이 좀 걸린다.

어휘넓히기

- 신발 바닥의 마모 상태를 보니 새 신발을 사야겠다.
- 기계 부품의 마모를 방지하기 위해 정기적으로 기름을 쳐야 해!
- 시간이 지나면서 동전의 그림이 마모되어 잘 보이지 않게 되었다.
- 색연필을 너무 많이 써서 마모가 심해졌구나?
- 자전거 타이어가 마모되어서 새것으로 바꿨다.

- 지우개가 마모되어 점점 작아졌다.

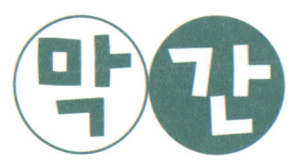

막간

어떤 일의 한 단락이 끝나고 다음 단락이 시작되기 전까지의 짧은 시간.

비슷한 뜻 잠시, 쉬는 시간, 틈새 시간

예 오페라 공연 중간에 쉬는 시간이 있다.

반대의 뜻 연속, 진행

예 세 편의 영화가 연속으로 상영되었다.

어휘 넓히기

◆ 발표회 막간에 친구랑 간식을 나눠 먹었다.

◆ 연극을 보다가 막간을 이용해 물을 마시고 왔다.

◆ 막간에 하는 퀴즈 시간이 제일 재밌어!

◆ 선생님이 수업 시간에 막간을 이용해 중요한 공지를 전달했다.

◆ 콘서트 막간에 깜짝 이벤트가 있대.

◆ 버스로 이동하는 막간을 이용해 잠시 눈을 붙였다.

맞장구

상대방의 말에 호응하는
말이나 행동.

[비슷한 뜻] 호응, 공감, 맞장단

[예] 친구의 말에 공감하는 것은 중요하다.

[반대의 뜻] 무시, 외면, 딴청

[예] 선생님이 말할 때 딴청을 부리면 안 된다.

어휘 넓히기

- 아빠의 말에 **맞장구**를 치며 저녁을 먹었다.
- 때로는 **맞장구**보다 솔직한 의견이 필요해.
- 할아버지는 내 꿈 이야기에 **맞장구**를 쳐 주었다.
- 발표할 때 친구들이 **맞장구**를 쳐 주자 자신감이 생겼다.
- **맞장구**를 쳐 주니까 동생이 더 신나 했다.
- **맞장구**를 잘 치면 대화가 재미있어!

무뢰한

다른 사람들에게 피해를 주거나 나쁜 짓을 하면서도 부끄러움을 모르는 사람.

비슷한 뜻 깡패, 건달, 불량배

예 예전에는 동네에 건달이나 불량배들이 많았다.

반대의 뜻 모범생, 착한 사람, 예의 바른 사람

예 예의 바른 사람이 되자는 것이 우리 집 가훈이다.

어휘 넓히기

- 친구를 괴롭히는 무뢰한 같은 행동은 하지 말아야 해!
- 그 영화에서는 착한 경찰이 무뢰한들을 모두 잡았다.
- 동화 속에서 무뢰한들을 혼내 준 기사는 마을의 영웅이 되었다.
- 왜 그렇게 무뢰한처럼 행동하는 거야?
- 엄마는 유럽 여행 중에 소매치기를 당한 뒤, 무뢰한들이 많아졌다며 걱정했다.

묵사발

① 물건이 완전히 부서져 산산조각이 난 상태.
계획이나 일이 완전히 실패하거나 망가진 상황.
② 묵을 담은 사발 또는 음식 이름

비슷한 뜻 산산조각, 박살, 망가짐

예 공들여 만든 퍼즐이 산산조각 나 버렸다.

반대의 뜻 온전, 무사

예 자동차 사고가 났지만 다행히 운전자는 무사했다.

어휘 넓히기

◆ 더운 날, 차가운 묵사발 한 그릇 먹으니 속이 다 시원하네!

◆ 장난을 치다가 할머니의 소중한 꽃병이 묵사발이 되고 말았다.

◆ 그 소식을 듣고 내 마음은 묵사발이 되었다.

◆ 집 안이 난장판이 되어 마치 묵사발이 됐네!

◆ 미술 시간에 찰흙으로 만든 첨성대를 떨어뜨려 묵사발이 되었다.

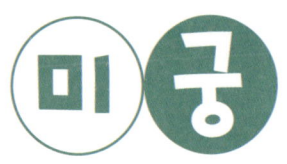

미궁

들어가면 나오는 길을 쉽게 찾을 수 없게 되어 있는 곳.
사건, 문제 따위가 얽혀서 쉽게 해결하지 못하게 된 상태.

비슷한 뜻 미로, 오리무중

예 지난주에 선물 받은 모자가 어디로 갔는지 오리무중이다.

반대의 뜻 명쾌, 해결

예 우리 반 회장의 말은 언제나 단순하고 명쾌하다.

어휘 넓히기

◆ 엄마의 설명은 오히려 문제를 더 깊은 미궁으로 몰아넣었다.

◆ 퍼즐을 맞추다가 미궁에 빠진 것 같아!

◆ 선택의 갈림길에서 나의 마음은 미궁처럼 복잡했다.

◆ 미궁에 빠진 친구 관계를 어떻게 해야 할지 모르겠다.

◆ 미궁에 빠졌던 수학 문제를 드디어 풀었어.

봇물

둑을 쌓아 물을 가두어 두는 보에 고인 물.
막혀 있던 일이 갑자기 동시에 일어나는 상황을 비유하는 말.

비슷한 뜻 폭포수

예 아이들의 환호성이 폭포수처럼 터져 나왔다.

반대의 뜻 차단, 막힘, 가뭄에 콩 나듯

예 행사 때문에 길을 막고 자동차를 차단했다.

어휘 넓히기

- 비가 많이 내려서 강물이 봇물처럼 불어났다.
- 방학이 시작되자 놀이공원에 사람들이 봇물처럼 몰려드네?
- 아이들의 질문이 봇물 터지듯 쏟아졌다.
- 봄이 오자 꽃들이 봇물 터지듯이 피었네!

- 뉴스에서는 이번 주말에 여행객이 봇물처럼 몰려들 거라고 했다.
- 새 영화가 개봉하자 인터뷰 요청이 봇물 터지듯 이어졌다.

불현듯

예상하지 못했던 순간에 어떤 일이
갑자기 일어나거나, 생각이 떠오르는 것.

비슷한 뜻 갑자기, 별안간, 느닷없이

예 아빠가 느닷없이 여행을 가자고 했다.

반대의 뜻 서서히, 점차, 계획적으로

예 저녁노을이 서서히 지고 있다.

어휘 넓히기

◆ 불현듯 하늘에서 비가 쏟아지기 시작했다.

◆ 수업 시간에 불현듯 좋은 생각이 떠올랐어.

◆ 친구가 불현듯 교실 문을 열고 들어왔다.

◆ 길을 걷다가 불현듯 1학년 때 생각이 나더라.

◆ 친구 얼굴을 보자 불현듯 웃음이 터졌다.

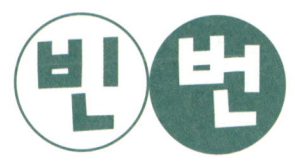

어떤 일이 여러 번 되풀이되는 모양.

비슷한 뜻 자주, 늘, 수시로

예 엄마는 수시로 회사에서 늦게 온다.

반대의 뜻 드물게, 간혹, 가끔

예 아빠는 간혹 해외 출장을 간다.

어휘 넓히기

◆ 우리 학교는 빈번하게 현장 학습을 간다.

◆ 빈번한 연습이 실력 향상의 비결이지.

◆ 엄마는 내게 빈번히 손 씻기를 강조한다.

◆ 우리 반에서는 물건을 잃어버리는 일이 빈번히 일어난다.

◆ 왜 이렇게 실수가 빈번하게 일어날까?

◆ 약속을 빈번히 어기면 신뢰를 잃는다.

사족

뱀을 다 그리고 나서 쓸데없이 발까지 그린다는 뜻.
필요 없이 덧붙이는 말이나 행동.

비슷한 뜻 군더더기, 군말, 쓸데없는 말

예 이 작가가 쓴 글에는 군더더기가 없다.

반대의 뜻 요점, 핵심, 간결한 말

예 말할 때는 요점을 잘 전달해야 한다.

어휘 넓히기

- 발표할 때는 사족을 붙이지 말아야 한다.
- 설명이 지나치게 길어져 오히려 사족이 되었다.
- 그 장식품은 사족 같아.
- 잘 쓴 글인데 마지막 문장이 사족 같지?
- 너무 감동적인 이야기였는데 억지로 교훈적인 내용을 넣어 사족이 되어 버렸어.

선착순

먼저 도착한 순서.

비슷한 뜻 접수순, 신청순

예 우리 동네 문화센터의 강좌는 신청순으로 마감된다.

반대의 뜻 추첨, 무순위, 역순

예 경품 추첨에서 운 좋게 1등에 당첨되었다.

어휘 넓히기

- 이 장난감은 선착순 30명에게만 준다.

- 식물원 체험은 선착순으로 신청할 수 있다.
- 모두에게 기회를 주려면 선착순은 옳지 않아!
- 놀이공원 입장은 선착순으로 가능하다.
- 이 프로그램은 선착순으로 접수한 20명만 참여할 수 있다.
- 새 교과서는 선착순으로 배부할 예정이다.
- 이번 모집은 선착순이 아니라 추첨이래.

손사래

사양하거나 거절할 때
손을 펴서 휘젓는 모양.

비슷한 뜻 사양, 거절, 마다함

예 너무 많이 받아서 더 이상은 거절할 수밖에 없다.

반대의 뜻 수락, 동의, 허락

예 엄마가 허락해 주어서 친구 집에서 자기로 했다.

어휘 넓히기

◆ 엄마가 음식을 더 주려고 하자, 배부른 아빠는 손사래를 쳤다.

◆ 어려운 문제를 풀어 보라고 했더니 동생은 손사래를 쳤다.

◆ 친구는 왜 대답 대신 손사래를 쳤을까?

◆ 사진 찍자고 했더니 엄마는 손사래를 치며 피했다.

◆ 짐을 들어 주려 하자, 할머니는 손사래를 치며 괜찮다고 말했다.

◆ 국민들이 축하해 주는데도 우승자는 손사래를 치며 겸손해했다.

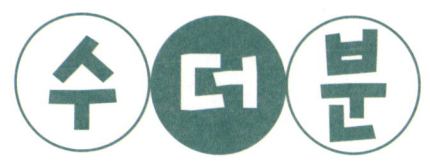

**말이나 행동이 까다롭지 않고
순하며 무던한 성격.**

비슷한 뜻 온화한, 무던한, 순한

예 클래식 음악을 들으면 마음이 온화해진다.

반대의 뜻 거친, 날카로운

예 성격이 날카로운 탓에 늘 화를 낸다.

어휘 넓히기

- 우리 할아버지는 **수더분**한 성격으로 마을에서 존경받았다.
- 정육점 주인은 **수더분**한 인상으로 손님들에게 인기가 많다.
- **수더분**한 성격은 주변 사람들을 편안하게 해 주지!
- 할머니는 **수더분**한 목소리로 옛날이야기를 들려주었다.
- 무뚝뚝한 줄 알았는데 의외로 **수더분**하더라?
- 아빠의 **수더분**한 웃음에 마음이 따듯해졌다.

시행착오

여러 번 시도하고 실패하면서
배우고 성장해 나가는 것.

비슷한 뜻 파란만장, 우여곡절

예 우리 할머니 인생에는 우여곡절이 많았다.

반대의 뜻 단번에, 성공

예 양궁 선수가 단번에 과녁을 맞혔다.

어휘 넓히기

- 시행착오가 없으면 성공도 없어.
- 요리사는 수많은 시행착오를 통해 레시피를 완성했다.

- 시행착오 끝에 새로운 댄스 동작을 완성할 수 있었다.
- 과학 실험은 시행착오를 거쳐 성공했다.
- 프로그래밍을 배울 때는 시행착오가 필수다.
- 어떻게 시행착오 없이 배울 수 있겠어?
- 로봇 대회를 준비하며 많은 시행착오를 겪었다.

신신당부

거듭해서
간절하게 부탁함.

"과일 도시락 잊지 않았지?
물은 꼭 자주 마시렴."

"네, 엄마."

"그리고 선생님 말씀 잘 듣고,
친구들이랑 다투지 말고…"

"알았어요."

"엄마가 신신당부할게!"

"좀 그만!"

"날 사랑해서
그러는
거겠지만."

비슷한 뜻 거듭 부탁, 간곡한

예 엄마가 재활용 쓰레기를 버려 달라고 거듭 부탁했다.

반대의 뜻 무관심, 무심

예 아빠는 생일날 엄마가 무심하게 말해서 화가 났다.

어휘 넓히기

◆ 엄마는 신신당부하며 우산을 챙겨 주었다.

◆ 선생님은 짐을 조심히 다루라고 신신당부했다.

◆ 그렇게 신신당부했는데 또 잊었어?

◆ 캠프 인솔자는 안전 수칙을 지켜 달라고 신신당부했다.

◆ 할아버지는 항상 정직하게 살라고 신신당부했다.

◆ 의사 선생님은 약을 제시간에 먹으라고 신신당부했다.

◆ 소방관 아저씨는 불장난하지 말라고 신신당부했다.

안목

사물이나 사람의 가치를 제대로 알아보는 능력.
사물이나 예술 작품의 가치를 알아보는 눈썰미와 판단력.

이 중에서 하나 골라 보자.

이 책이 좋겠네. 아빠는 안목이 좀 있거든.

와, 너무 재밌다. 나도 좋은 걸 알아보는 안목을 길러야지.

비슷한 뜻 식견, 분별력

예 넓은 식견으로 문제의 핵심을 짚었다.

반대의 뜻 무지, 문외한

예 나는 미술 방면에는 문외한이다.

어 휘 넓 히 기

◆ 우리 미술 선생님은 그림 보는 안목이 정말 뛰어나다.

◆ 나도 좋은 책을 고를 수 있는 안목을 키우고 싶어.

◆ 이 물건을 고른 건 네 안목 덕분이 아닐까?

◆ 할아버지는 골동품에 대한 안목이 뛰어나다.

◆ 음악을 오래 들으면 좋은 음악을 알아보는 안목이 생긴다.

◆ 여러 나라를 여행하며 다양한 문화를 접하면 안목이 넓어진다.

역전승

지고 있다가
마지막에 이기는 것.

비슷한 뜻 대반전, 뒤집기

예 영화에서는 마지막에 대반전이 일어났다.

반대의 뜻 역전패, 완패

예 오늘 야구는 9회 말에 역전패를 당했다.

어휘 넓히기

- 우리 반 축구팀은 0:2로 지다가 3:2로 역전승했다.
- 마지막 문제를 맞혀 수학 경시 대회에서 역전승을 거뒀어!
- 우리 학교는 뒤늦게 실력을 발휘해 과학 경연에서 역전승했다.
- 마라톤에서 마지막 순간 역전승을 이루었다.

- 우리가 어떻게 역전승할 수 있었지?
- 방송 퀴즈 프로그램에서 그는 극적으로 역전승했다.
- 마지막 발표에서 높은 점수를 받아 역전승으로 1등을 차지했다.

**어울리지 못하고
어색하거나 불편한 느낌.**

비슷한 뜻 이질감, 어색함

예 전학을 가면 처음에 어색함이 느껴지는 건 어쩔 수 없다.

반대의 뜻 친근감, 일체감, 편안함

예 세상에서 가장 편안함을 주는 것은 우리 가족이다.

어휘 넓히기

- 교복을 처음 입으니, 위화감이 들었다.
- 친구들의 대화에 끼지 못해 위화감이 들었다.
- 이곳에서 느껴지는 위화감은 뭘까?
- 처음 만난 사람들 사이에서 위화감을 느꼈다.
- 다른 악기 소리와 어울리지 않아 위화감이 들었다.
- 새로운 친구에게 위화감 없이 대해 줘라.
- 친구와 오해가 생기면서 위화감이 느껴졌다.
- 익숙한 환경이 갑자기 바뀌어 위화감을 느꼈다.

어휘 실력 쑥쑥 키워 주는 퀴즈

1. 다음 중 '다수결'의 의미와 가장 거리가 먼 것을 고르세요.

    ① 여러 사람의 의견 중 많은 사람이 지지하는 의견을 따르는 방식

    ② 민주주의의 기본 원리 중 하나

    ③ 모든 구성원의 만장일치로 결정하는 방식

    ④ 소수의 의견보다 다수의 의견을 우선시하는 원칙

2. 다음 문장에 공통으로 들어갈 어휘는 무엇일까요?

    > 그 감독은 배우를 고르는 □□이 뛰어나다.
    > 경험이 많으면 자연스럽게 □□도 깊어진다.

    ① 실력   ② 견해   ③ 안목   ④ 관찰

3. 다음 중 '역전승'이 일어난 상황을 골라 보세요.

    ① 0:2로 지고 있다가 3:2로 이긴 축구 경기

    ② 처음부터 끝까지 5:0으로 이긴 야구 경기

    ③ 1:1로 비긴 배구 경기

    ④ 0:3으로 진 테니스 경기

정답 : 1. ③ 2. ③ 3. ①

단어가 생겨난 이야기

사족(蛇足)

★ **뜻과 유래**

'사족'은 '뱀 사(蛇)'와 '다리 족(足)'이 합쳐진 한자어로, 글자 그대로는 '뱀의 다리'를 뜻해요. 뱀은 다리가 없는데 다리를 그려 넣는다면 그것은 필요 없는 것이겠지요? 이런 의미에서 '사족'은 '필요 없는 말이나 행동, 군더더기'를 가리키는 말이 되었어요. 이 말은 중국 옛이야기에서 유래했어요. 훌륭한 그림을 그린 화가가 "뱀에 다리를 그려 넣으면 더 좋을 것 같다"라는 사람들의 조언을 듣고, 다리를 그려 넣었다가 오히려 그림을 망치고 말았다는 이야기에서 비롯된 말이지요.

★ **사족과 창의성의 관계**

그런데 때로는 '사족'처럼 보이는 것이 새로운 아이디어의 시작이 될 수도 있어요. 에디슨이 전구를 발명할 때, 많은 사람은 그의 수많은 실험을 '사족'이라고 생각했지만, 그 '사족'들이 모여 위대한 발명이 되었지요. 예술 작품에도 처음에는 군더더기처럼 보였던 요소가 나중에는 작품의 독창성을 나타내는 중요한 부분이 되기도 해요. 이처럼 '사족'은 상황과 관점에 따라 달라질 수 있어요.

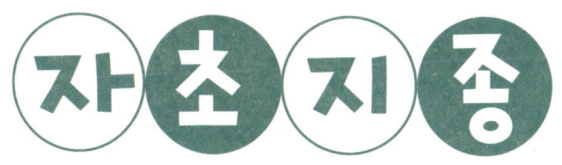

자초지종

무슨 일이 어떻게 시작되어 어떻게 끝났는지의 모든 과정.

비슷한 뜻 전말, 경위, 내막

예 나는 사건의 전말을 엄마에게 이야기했다.

반대의 뜻 일부분

예 드라마의 일부분만 봐서는 무슨 내용인지 알 수가 없다.

어휘 넓히기

- 무슨 일이 있었는지 **자초지종**을 말해 줄래?
- 친구가 울고 있어서 **자초지종**을 물어봤다.
- 누나에게 **자초지종**을 설명하자 오해가 풀렸다.
- 나는 **자초지종**도 모르고 화부터 냈다.
- 돌봄 교실에서 있었던 일의 **자초지종**을 들려줘.
- 휴대전화를 잃어버린 **자초지종**을 설명해 봐.
- 동생이 울게 된 **자초지종**이 궁금하다.

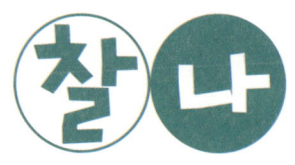

눈 깜짝할 사이처럼
아주 짧은 순간.

비슷한 뜻 한순간, 눈 깜짝할 사이

예 냄비를 들다가 한순간에 손을 데고 말았다.

반대의 뜻 오랜 시간, 영원

예 그의 이름은 역사 속에 영원히 남을 것이다.

어휘넓히기

◆ 불꽃놀이가 **찰나**의 순간 하늘을 환하게 비추었다.

◆ **찰나**의 실수로 컵을 떨어뜨렸다.

◆ 별똥별이 떨어지는 **찰나**에 소원을 빌어야 해!

◆ **찰나**의 순간, 멋진 아이디어가 떠올랐다.

◆ 번개는 **찰나**의 순간에 번쩍이고 사라졌다.

◆ **찰나**의 선택이 경기의 승패를 좌우한 걸까?

◆ 나는 그 **찰나**를 놓치지 않았다.

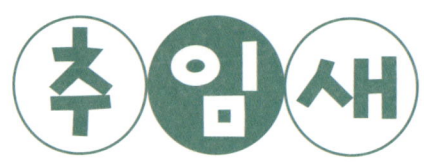

추임새

남이 말하거나 노래할 때
중간중간 넣는 짧은 소리나 말.

비슷한 뜻 호응, 장단

예 우리는 북의 장단에 맞춰 신나게 춤을 추었다.

반대의 뜻 침묵, 정적

예 선생님의 호통에 교실에는 침묵이 내려앉았다.

어휘 넓히기

◆ 판소리에는 왜 **추임새**가 있을까?

◆ 할아버지는 민요를 부르며 자연스럽게 **추임새**를 곁들였다.

◆ 아이들도 "얼쑤!"라는 **추임새**를 따라 하며 신나게 놀았다.

◆ 명창의 소리에 고수의 **추임새**가 어우러져 공연의 맛을 살렸다.

◆ 웃거나 고개를 끄덕거리는 것도 **추임새**가 될 수 있어!

타박

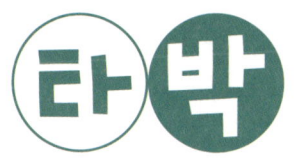

남의 잘못을
나무라거나 꾸짖음.

비슷한 뜻 꾸중, 핀잔

예 엄마에게 꾸중을 듣고 온종일 기분이 좋지 않았다.

반대의 뜻 칭찬, 격려, 위로

예 따듯한 격려는 모든 사람에게 큰 힘이 된다.

어휘 넓히기

- 부모님에게 늦게 들어왔다고 타박을 들었다.
- 선생님은 타박 대신 칭찬을 해 주었다.
- 늦게 왔다고 친구가 계속 타박을 했다.
- 내 행동이 정말 타박을 받을 만한 일이었을까?
- 타박 좀 그만하면 안 돼?
- 늦게 일어나 엄마에게 타박을 듣고서야 숙제를 했다.

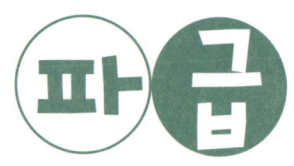

파급

어떤 일이 다른 데까지 영향을 미쳐 퍼지는 것.

민서가 운동장의 쓰레기를 줍기 시작했어요. 처음엔 아무도 신경 쓰지 않았지요.

그런데 다음 날, 지우와 은빈이가 따라 했어요.

어느새 쓰레기를 줍는 아이들이 많아졌어요.

민서의 작은 행동이 이렇게 큰 파급 효과를 낳았구나.

비슷한 뜻 확산, 전파, 영향, 전달

예 거짓 소문이 점점 확산되어 사회가 혼란에 빠졌다.

반대의 뜻 차단

예 바이러스가 퍼지면서 사람들의 교류가 차단되었다.

어휘 넓히기

- 작은 행동이 큰 파급 효과를 가져올 수 있다.
- 그 뉴스는 전국으로 파급되었다.

- 좋은 말의 파급력은 매우 크다.
- 동화책의 메시지는 많은 아이에게 파급되어 좋은 영향을 주었다.
- 환경 보호 캠페인의 파급 효과로 쓰레기가 많이 줄었다.
- 새로운 게임이 친구들 사이에 빠르게 파급되어 인기를 끌었다.

파렴치

부끄러운 일을 하고도
미안해하지 않는 것.

비슷한 뜻 뻔뻔함, 철면피, 염치없음

예 잘못을 해 놓고도 그렇게 뻔뻔하다니 철면피가 따로 없다.

반대의 뜻 부끄러움, 수치심

예 우리는 누구나 수치심을 가지고 있다.

어휘 넓히기

- 우리는 **파렴치**한 사람이 되지 않도록 조심해야 한다.

- 그는 **파렴치**하게 남의 공을 자기 것으로 돌렸다.

- 이런, **파렴치**범 같으니라고!

- 남의 것을 훔치고도 발뺌하는 건 **파렴치**한 행동이다.

- 그는 **파렴치**하게 거짓말을 하고도 사과하지 않았다.

- 남의 물건을 허락 없이 가져가는 건 정말 **파렴치**한 행동이야!

포용

너그럽게 감싸안음.
다른 사람이나 의견을 받아들이고 인정하는 자세.

비슷한 뜻 받아들임, 인정, 품어 주기, 너그러움

예 엄마는 내가 무슨 말을 해도 늘 따듯하게 품어 준다.

반대의 뜻 배척, 거부, 차별, 배제

예 이주 노동자들을 배척하거나 차별하는 것은 옳지 못하다.

어휘 넓히기

- 진정한 리더라면 포용할 줄 알아야 해.
- 우리 학급은 다양한 생각을 포용하는 분위기다.
- 다른 문화를 포용하면 더 많은 것을 배울 수 있다.
- 선생님은 모든 아이를 포용하는 따뜻한 마음을 가지고 있다.
- 서로의 차이점을 포용하며 함께 성장한다.
- 다름을 인정하는 것이 포용이 아닐까?
- 우리 사회는 다양성을 포용하는 방향으로 변하고 있다.
- 진정한 친구는 단점도 포용해 주는 사람이다.

피날레

음악이나 공연 등에서 마지막 부분.
어떤 일이나 사건의 절정 또는 끝부분.

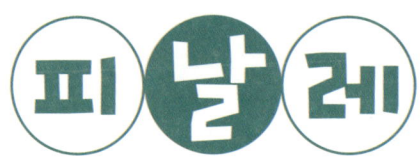

민들레

살포시

포기하지 않고 뿌리를 내렸더니 수백 개의 새 생명이 탄생했네. 자, 마지막 피날레를 펼치자!

비슷한 뜻 대단원, 결말, 클라이맥스

예 축제는 불꽃놀이와 함께 화려한 대단원을 장식했다.

반대의 뜻 개막, 서막, 오프닝

예 올림픽은 성화 봉송을 시작으로 개막했다.

어휘 넓히기

- 벚꽃 축제의 **피날레**는 꽃잎이 흩날릴 때이다.
- 해바라기의 생애는 씨앗을 맺는 **피날레**로 마무리된다.
- 콘서트의 **피날레**는 정말 감동적이었어!
- 오페라의 **피날레**에서 모든 성악가가 함께 노래했다.
- 공연의 **피날레**를 어떻게 할까?
- 올림픽 폐막식은 화려한 **피날레**로 마무리되었다.
- 이번 운동회의 **피날레**를 장식할 마지막 공연이 준비 중이다.

하룻강아지

태어난 지 얼마 안 된 강아지.
경험이 아주 적은데도 철없이 덤비는 사람.

비슷한 뜻 풋내기, 애송이, 철부지

예 모든 전문가도 처음에는 풋내기였다.

반대의 뜻 베테랑, 숙련자

예 우리 아빠는 베테랑 운전자이다.

어휘 넓히기

◆ 겁 없이 도전하는 모습이 꼭 하룻강아지 같았다.

◆ 내가 아직도 하룻강아지처럼 보여?

◆ 무모한 용기는 때때로 하룻강아지 같은 결과를 낳는다.

◆ 아무것도 모르는 하룻강아지 눈에는 모든 게 새로울 거야.

◆ 하룻강아지처럼 겁 없이 달려들던 때가 그립다.

◆ 처음 자전거를 배우면서 높은 곳을 찾다니 정말 하룻강아지 같구나.

세상 사람들 사이.

비슷한 뜻 세간

예 그의 이름이 세간에 널리 퍼졌다.

반대의 뜻 공식적

예 그 배우는 결혼을 공식적으로 발표했다.

어휘 넓히기

- 항간에 이상한 소문이 돌고 있다.

- 항간에 떠도는 말이 사실이야?

- 항간의 말만 믿지 말고, 직접 확인해 봐야 한다.

- 항간에는 새 놀이터가 생긴다고 하던데?

- 항간의 이야기로는 우리 학교 급식이 제일 맛있다고 해.

- 항간에 떠도는 말로는 다음 달에 소풍을 간다고 한다.

해코지

다른 사람이나 동물에게
일부러 해를 끼치는 행동.

비슷한 뜻 괴롭힘, 못되게 굴기

예 우리 반에는 친구를 괴롭히는 아이들이 없다.

반대의 뜻 보호, 도와주기

예 우리는 몸이 불편한 친구를 도와주어야 한다.

어휘 넓히기

- 친구를 해코지하는 것은 올바른 행동이 아냐!
- 동물에게 해코지해서는 안 된다.
- 누군가 해코지를 하면 바로 선생님에게 말해야 한다.
- 해코지가 아닌 배려하는 마음이 우리 교실을 행복하게 만들 거야.
- 누가 우리 강아지를 해코지했지?

- 해코지는 해코지로 갚지 않는 게 더 용감한 일이다.

향년

누군가 세상을 떠났을 때까지의
나이를 공손하게 이르는 말.

비슷한 뜻 **돌아가신 나이, 수명**

예 과학기술의 발달로 인간의 수명이 늘어나고 있다.

반대의 뜻 **연세**

예 우리 할머니의 연세는 일흔다섯이다.

어휘 넓히기

◆ 선생님은 **향년** 85세로 평화롭게 영면했다.

◆ 그 위대한 시인은 **향년** 76세로 우리 곁을 떠났다.

◆ 숙제로 유관순 열사가 **향년** 몇 세였는지 조사했다.

◆ **향년** 100세라니, 참으로 장수하셨네!

◆ **향년**이라는 말에는 돌아가신 분을 존중하는 마음이 담겨 있다.

혐오

어떤 대상이나 상황을
아주 싫어하거나 미워하는 마음.

비슷한 뜻 미움, 증오, 반감, 거부감

예 생각이 다르다고 무조건 거부감을 가지면 안 된다.

반대의 뜻 사랑, 호감, 애정, 존중, 이해

예 입학 첫날부터 호감이 가는 친구를 만났다.

어휘 넓히기

- 혐오보다 이해의 마음으로 친구를 대해야 해요.
- 새로운 음식에 대한 혐오를 버리고 맛있게 먹어 보았다.

- 누군가를 혐오하는 말은 사용하지 말자!
- 사람들의 다양한 모습을 혐오하지 않고 존중하는 마음이 중요해.
- 이해가 부족하면 혐오로 변하게 되는 걸까?
- 혐오는 마음을 아프게 하지만 존중은 마음을 따듯하게 만든다.

화근

나중에 나쁜 일이
생기게 되는 원인.

비슷한 뜻 발단, 불씨

예 그 싸움은 뛰다가 발을 밟은 것이 발단이 되었다.

반대의 뜻 경사, 행운

예 어려울 때 곁에 있어 준 친구가 내게 가장 큰 행운이었다.

어휘넓히기

- 작은 거짓말이 화근이 될 수 있다.
- 게으름이 성적이 떨어진 화근이었다.
- 환경 오염은 많은 동물들이 멸종하게 된 화근이다.
- 작은 불씨 하나가 큰 산불의 화근이 되기도 해!

- 욕심이야말로 인생의 가장 큰 화근이 아닐까?

1. '찰나'를 사용해서 짧은 문장을 만들어 보세요.

   (예: 별똥별은 찰나의 순간에 반짝이고 사라졌어요.)

   ----

2. 다음 문장에 공통으로 들어갈 어휘는 무엇일까요?

   > 연주회는 합창단의 노래로 □□□를 장식했다.
   > 졸업식의 □□□는 친구들과 함께 부른 교가 합창이었다.

   ① 해코지　　② 피날레　　③ 주인공　　④ 추임새

3. 다음 중 '화근'이 될 수 있는 상황을 골라 보세요.

   ① 친구의 물건을 허락 없이 가져간 것
   ② 친구에게 친절하게 대한 것
   ③ 엄마의 말을 잘 들은 것
   ④ 숙제를 모두 끝낸 것

   정답 : 1. 자유롭게 작성　2. ②　3. ①

단어가 생겨난 이야기

찰나(刹那)

★ **뜻과 유래**

'찰나'는 불교에서 유래한 말로 '아주 짧은 시간'을 뜻해요. 눈 깜짝할 사이보다도 더 짧은, 상상할 수 없을 정도로 짧은 순간이지요. 불교가 우리나라에 들어오면서 사용하기 시작했어요. 번개가 번쩍이는 순간, 별똥별이 떨어지는 순간처럼, 순식간에 지나가는 시간을 '찰나'라고 표현해요.

★ **찰나를 담아낸 사진의 마법**

사진이 발명되기 전까지 사람들은 찰나의 순간을 정확히 기록할 방법이 없었어요. 19세기에 사진 기술이 발전하면서 인류는 드디어 찰나를 포착할 수 있게 되었지요. 영국의 사진작가 에드워드 머이브리지는 말이 달릴 때 네 발이 모두 땅에서 떨어지는 찰나의 순간을 사진으로 찍었어요. 이전까지는 아무도 보지 못했던 것이었죠. 이처럼 찰나를 포착하는 기술은 우리가 세상을 보는 방식을 완전히 바꿔 놓았답니다.

단단하게 배우고 탄탄하게 익히는 언어 생활
어휘를 알면 공부가 재밌어!

초판 1쇄 발행   2025년 10월 30일

글쓴이	장지혜
그린이	김지하
펴낸이	이혜경
펴낸곳	니케북스
출판등록	2014. 4. 7.	제 300−2014−102호
주소	서울시 종로구 새문안로 92 광화문 오피시아 1717호
전화	(02)735−9515	팩스 (02)6499−9518
전자우편	nikebooks@naver.com
블로그	blog.naver.com/nikebooks
페이스북	facebook.com/nikebooks
인스타그램	(니케북스) @nike_books
	(니케주니어) @nikebooks_junior

ISBN   979-11-94809-11-1 74700
       979-11-94809-10-4 74700(세트)

니케주니어는 니케북스의 아동·청소년 브랜드입니다.

책값은 뒤표지에 있습니다.
잘못된 책은 구입한 서점에서 바꿔 드립니다.